바둑에 바져 한강을 빼앗겼어요
- 개로왕과 승려 도림 이야기 -

바둑을 좋아하는 백제의 개로왕은 호시탐탐 한강을 노리는 고구려 장수왕 때문에 걱정이 많았어요.

그 불안한 마음을 바둑으로 달래던 어느 날
한 스님이 개로왕을 찾아왔어요.

마음이 복잡했던 개로왕은
도림에게 바둑이나 한판 두자고 말했어요.

임금님께 올리는
선물이옵니다.

그러자 도림은 고구려에서 가져온 멋진 바둑판을
개로왕에게 선물로 주었지요.

개로왕은 도림의 뛰어난 바둑 실력에 감탄했어요.
그리고 도림을 믿기 시작했어요.

어느 날은 개로왕이 바둑을 두며 고구려에 관해 물었어요. 그러자 도림은 제멋대로인 왕 때문에 백성들은 힘들어하고 군사들의 실력도 형편없다고 거짓말을 했어요.

사실 도림은 고구려 장수왕이 백제의 형편을 살피려고 보낸 첩자였어요.

* 첩자 : 본래의 신분을 속이고 비밀을 몰래 알아내는 사람

그런 줄도 모르는 개로왕이 점점 더 도림을 믿고 좋아하게 되자,
도림이 말했어요.

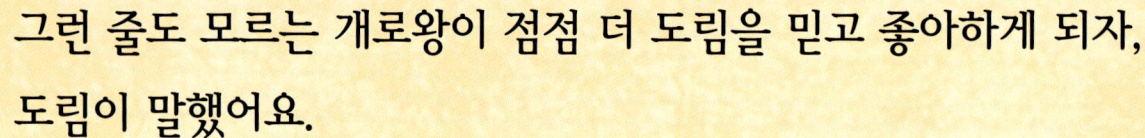

대왕의 훌륭함에 비해
궁궐이 너무나 초라합니다.
멋진 궁궐을 지어 대왕의 위엄과
부유함을 보이셔야 합니다.

오오~

이 말을 듣고 개로왕이 **명령**했어요.

> 더 크고 화려한 궁궐을 짓도록 하라.

신하들은 반대했어요.

> 궁궐을 짓는 데 힘을 낭비하면, 고구려가 이를 노리고 쳐들어 올지도 모릅니다.

하지만 개로왕은 고구려 왕이 노는 데 정신이 팔려 **나랏일**에 관심이 없다는 도림의 말을 그대로 믿고, 궁궐을 짓게 했어요.

밤낮 없는 일에 백성들의 불만은 높아져 갔지만,
날로 호화롭게 지어지는 궁궐을 보며 개로왕은 흐뭇했어요.
그래서 도림이 몰래 백제를 빠져나가는 것도 몰랐지요.

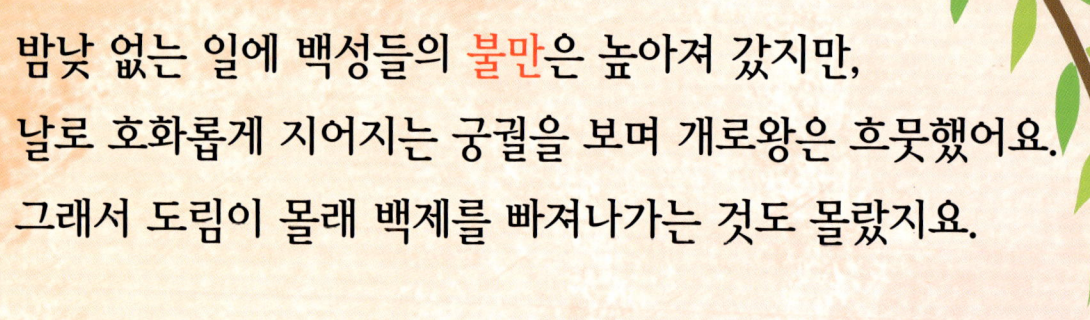

아휴~ 힘들어

끙끙

음~ 잘 짓고 있군!

이 틈에 도망치자!

하지만 이미 늦어 버렸어요.
도림의 말만 믿고 싸울 준비를 하지 않았던
백제는 고구려에 궁궐을 뺏앗겼고,

와아~!

으악

가까스로 궁궐을 도망친
개로왕도 아차산에서 붙잡혀
목숨을 잃고 말았어요.

한편, 백제의 궁궐과 한강을 차지한 고구려 장수왕은
크게 기뻐하며 도림을 **칭찬**했어요.

네가 참 자랑스럽구나.

신라 최초의 여왕 선덕여왕

신라 진평왕은 딸만 셋이었어요.
그래서 진평왕이 세상을 떠나자 둘째 딸인
덕만 공주가 왕위를 물려받았대요.
이분이 신라 최초의 여왕인 선덕여왕이에요.

여자 임금님은 처음인데 나라를 잘 다스릴 수 있을까?

여왕마마 최고!

여왕을 처음 맞이하는 귀족들과
백성들은 걱정이 많았어요.
하지만 선덕여왕은 지혜롭게
나라를 잘 다스렸어요.

어느 날 당나라 황제인 태종이 다홍색, 자주색, 흰색의
세 송이 모란이 그려진 그림과 그 씨앗을 선물로 보내왔어요.
이 그림을 자세히 살펴본 선덕여왕이 말했어요.

이 꽃은
아름답기는 하나
향기가 없을 것이다.

그리곤 그 씨앗을 궁궐 뜰에 심게 했어요.

선덕여왕이
웃으면서 대답했어요.

향기로운 꽃에는
벌과 나비가 있어야 하는데
그림 속의 꽃에는 없지 않소.
이것은 당 태종이 내가
홀로 사는 여왕인 것을
업신여겨 보낸 것이지요.

신하들은 선덕여왕의
지혜로움에 감탄하였어요.

* 업신여기다 : 남을 낮추어 보거나
  하찮게 여기는 것

선덕여왕은 신라가 더욱 강해져
삼국 통일을 이루었으면 했어요.
그리고 백성들이 행복하기를 바랬어요.
이 두 마음을 담아 **황룡사** 마당에 **9층 탑**을 쌓았어요.

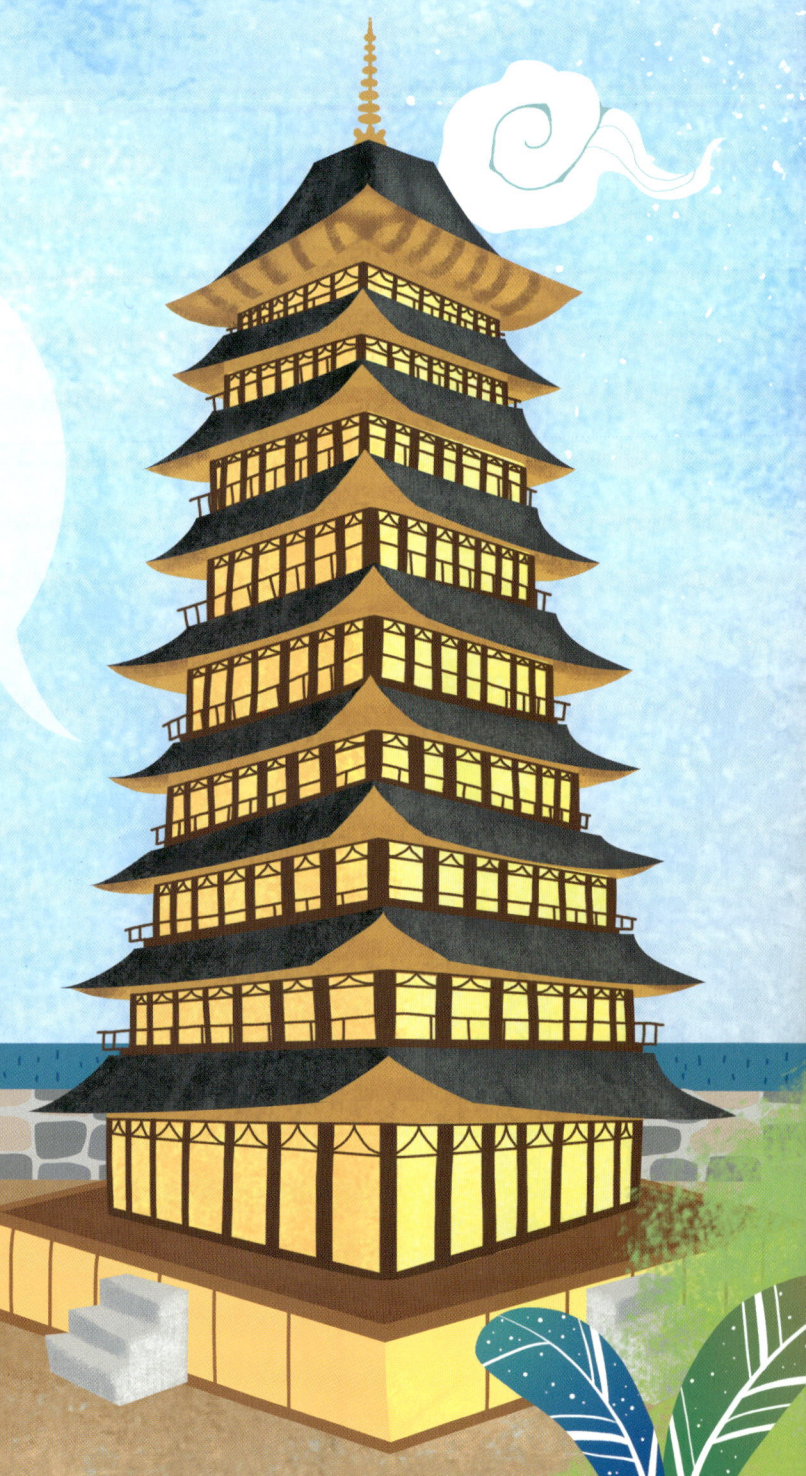

돌이 아니라
나무로 만든 탑이었대요.
하지만 안타깝게도
고려 시대 몽골이
쳐들어와 불태워 버려서
지금은 볼 수가 없어요.

또 첨성대를 만들어
하늘의 움직임을 살펴보게 하셨대요.
지혜롭고 슬기롭게 신라를 잘 다스린
선덕여왕 덕분에 신라는 훗날
삼국통일을 이룰 수 있었어요.

신라와 백제의 황산벌 전투

백제의 한 신하가 헐레벌떡 달려오며 의자왕에게 말했어요.

신라와 당나라 군사가 쳐들어오옵니다!

명을 받들겠사옵니다.

당황한 의자왕은 계백 장군을 불러 신라군을 황산벌에서 막으라고 명령했어요.

그러자 신라군을 이끌던 김유신 장군은
군사들의 사기를 높이려고 했어요.
어린 화랑인 관창을
홀로 백제 진영으로 보내 싸우게 했지요.

가거라, 관창!

기다려라, 백제!

관창은 두려움 없이 용맹하게 싸웠지만,
곧 붙잡히고 말았지요.

돌려보내거라!

흥!

붙잡힌 관창의 투구를 벗기자
어린 얼굴이 드러났어요.
계백은 관창을 죽이지 않고
돌려보내 주었어요.

하지만 관창은
다시 백제군 진영으로 뛰어들었고
놓아주면 또 뛰어들기를 반복했어요.

어쩔 수 없이 계백은 관창을 죽여
신라 진영으로 돌려보냈고,
이를 본 신라군은 관창의 용기에 감동해
온 힘을 다해 백제군을 공격했어요.

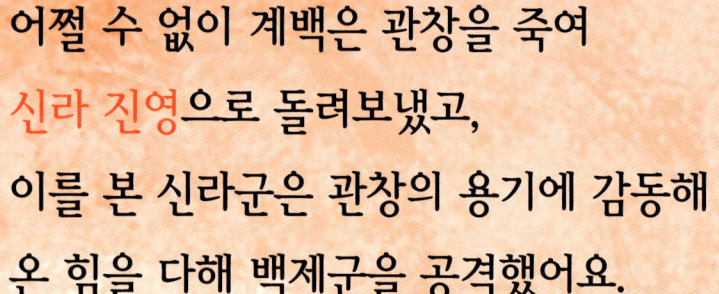

어린아이도 나라를 위해
목숨을 바쳤는데
모두 나아가
백제군을 무찌르자!

관창의 원수를
갚자!

죽기를 각오한 신라군의 공격에
계백 장군은 용감히 싸웠지만,
결국 싸움에서 지고 숨을 거두고 말았어요.
목숨을 바쳐 나라를 위해 싸운 계백 장군은
백제의 충성스러운 장군이랍니다.

해골 물을 마시고 깨달음을 얻은 원효

신라 스님인 원효와 의상은 당나라에 불교 공부를 하러
가던 중 날이 어두워지자 동굴에서 자게 되었어요.
원효는 잠결에 목이 말라 곁에 있던 물을 마셨어요.
너무 시원하고 맛있었지요.
하지만 아침에 일어나 깜짝 놀랐어요.
지난밤에 마신 물이 해골에 담긴 썩은 물이었던 거예요.

이때 원효는 깨달았어요.
모든 일이 마음먹기에 달렸다는 것을…….
그 후 원효는 신라로 돌아와
백성들에게 부처님의 말씀을 널리 알렸답니다.

인도를 둘러본 혜초

신라의 스님 혜초는 불교가 시작된 인도와 주변 여러 나라를 순례(종교적 의미가 있는 곳을 방문하는 것)하고 돌아와 '왕오천축국전'이란 여행기를 썼어요.

4년 동안 여행을 하며 보고 느낀 점을 기록한 책이지요.
이 책은 혜초가 인도를 순례할 당시의 모습을 알려주는 세계적으로도 중요한 자료랍니다.